BERND KOLB

ATMA

आत्मन

BERND KOLB

ATMAN

terra magica

ATMAN ist ein Begriff aus dem altindischen Sanskrit und bedeutet »Seele« im Sinne des wahren, individuellen Selbst des Menschen, das bei allen Wahrnehmungen, allem Denken und jedem Gefühl unvergänglich bleibt. In den mehr als 3000 Jahre alten vedischen Schriften ist ATMAN der göttliche Funke in uns, die Wirklichkeit hinter allem Schein, frei von jeglicher Bindung und doch stets mit allem eins. Es handelt nicht, besitzt nicht, stirbt nicht. Es ist das allverbundene Wesen des Menschen, der Zeuge, jenseits von Zeit und Raum. Es verkörpert das Universum, das in uns ist. Es ist die absolute Essenz des Lebens.

»Wer nachsinnend, geläuterten Geistes, in Atman sich versenkt, Unaussprechlich durch Worte ist seines Herzens Seligkeit.«

Aus *Siddhartha* von Hermann Hesse

THE WISDOM JOURNEY

Die Reise zu den Quellen der Weisheit

2012 - 2015

Vorwort von *Jane Goodall*

Bernd Kolb begab sich auf die Reise, um nach denen zu suchen, die noch heute die alten Weisheitstraditionen Asiens bewahren. Es gelang ihm, Bilder von weisen Menschen einzufangen, die immer noch unter uns sind und das wahre Glück kennen, weil sie es vermögen, im Hier und Jetzt zu leben. Er drückte immer dann auf den Auslöser seiner Kamera, wenn er spürte, dass es gelungen war, eine tiefe seelische Verbindung zwischen ihm und diesem »Gegenüber« herzustellen. Daher sind diese Bilder so unglaublich kraftvoll und enthüllen dabei die Essenz des Selbst, die wahre Seele, das Atman dieser Menschen, denen er nun durch dieses Buch Unsterblichkeit verleiht.

Es verwundert nicht, dass die Weisheit in denen ist, die ein ganz einfaches Leben führen, besonders wenn sie in enger Verbindung mit der Natur leben. Das, was sich durch Bernds Reisen offenbart, ist der Beweis – wenn es einen solchen überhaupt braucht –, dass Lebensglück nicht von materiellem Reichtum abhängt.

Die Menschen in diesem Buch haben ihren Charakter durch ihre eigenen Lebenswege entwickelt, wobei jeder andere Ereignisse durchlebte und daraus lernte, was Traurigkeit, Entbehrung und Wut, Mitgefühl, Liebe und innerer Frieden bedeuten. Die Lehren des Lebens. Durch sie haben sie gelernt, wurden durch sie geformt, haben Weisheit erlangt.

Es ist die Tragödie der modernen Welt, dass wir diese Weisheit zum größten Teil verloren haben. Und so vergessen wir, uns selbst vor großen Entscheidungen zu fragen, welche Auswirkungen diese Entscheidungen auf zukünftige Generationen haben werden. Vergessen sogar zu fragen, wie sich diese Entscheidungen bereits heute auf unsere Umwelt auswirken und auf die Menschen, für die sie möglicherweise nachteilige Folgen haben werden. Stattdessen denken wir oft wenig oder gar nicht an die Folgen und kümmern uns kaum um die Umwelt. Stattdessen fragen wir uns nur: Welchen Nutzen werden diese Entscheidungen mir, oder mir und meiner Familie, jetzt bringen? Oder wie werden sie sich auf die kommende Aktionärsversammlung oder die nächste politische Kampagne auswirken? Es besteht, wie es scheint, keine Verbindung mehr zwischen unserem schlauen Gehirn und dem menschlichen Herzen, *dem* Symbol für Liebe und Mitgefühl.

In der Welt von heute gibt es Menschen, die in bitterer Armut leben und oft Hunger leiden, und es gibt andere, die unglaublich reich sind und viel mehr besitzen, als sie brauchen. Und all diejenigen dazwischen. In diese letzte Kategorie gehören viele, die, obgleich sie genügend Geld haben, um angemessen leben zu können, dennoch nach immer mehr Geld streben – weil sie glauben, dass sie der Erwerb von materiellem Reichtum, die Anhäufung von materiellem Zeugs, glücklicher und vielleicht auch mächtiger machen wird. Doch sehr oft trifft genau das Gegenteil zu. Und während sie ihrem unrealistischen Traum von Macht und Glück folgen, fügen sie Mutter Erde Schaden zu, indem sie rücksichtslos ihre natürlichen Ressourcen verschleudern. Und sie vergeuden diese Ressourcen schneller, als sie regeneriert werden können.

Blicken wir tief in die Augen der Menschen in diesem Buch, so werden wir uns ihres inneren Friedens bewusst, ihres Respekts gegenüber allen, die auf dem Planeten Erde beheimatet sind. Sie urteilen nicht über andere. Sie empfinden nicht nur Mitgefühl für die Armen und Erniedrigten, sondern auch für jene, die gefangen sind in einem unhaltbaren materialistischen Lebensstil, die sich immer mehr selbst unter Druck setzen und denen die erworbenen Reichtümer wie Mühlsteine um den Hals hängen. Die können einem in der Tat leidtun, denn es wird ihnen nie gelingen, das wahre Glück zu erfahren, das aus dem inneren Frieden entsteht.

Welche Tragik, dass immer mehr von uns niemals diesen Frieden erlangen können, weil wir uns immer weiter von der natürlichen Welt trennen und mehr und mehr mit Geld und Macht und Ruhm befasst sind. Wir hören sie nicht mehr, die »ruhige kleine Stimme«, die es in jedem von gibt und die uns vor der Torheit eines selbstsüchtigen Daseins warnt. Und wir trennen uns mehr und mehr voneinander.

Die Bilder in diesem Buch vermitteln uns die Stimmen der Weisen, durch deren Augen. Wir müssen ihre Worte nicht *hören*. Es reicht, sie in unserem Herzen zu *fühlen*. Schau tief hinein in diese Augen. Sie haben unterschiedliche Botschaften für unterschiedliche Menschen. Aber eine Botschaft betrifft uns alle: Ob wir nun arm oder reich sind, welcher Kultur oder Rasse wir auch angehören mögen und wo immer wir auch leben – wir sind alle auf einer tiefen Ebene miteinander verbunden. Wir sind alle Teil der »Familie der Menschheit«.

In jedem von uns ist ein göttlicher Funke, in jedem lebenden Wesen.

Wir Menschen mit unserer Sprache der Worte nennen diesen göttlichen Funken unsere Seele – oder Atman. Darin besteht die Hoffnung für die Menschheit und für unseren Planeten – in diesem Wissen, dass wir, wenn wir unser Herz und unseren Geist öffnen, wenn wir die Wirklichkeit in diesem göttlichen Funken erkennen, spirituell wachsen und uns mit der großen »Spirituellen Kraft« verbinden können, in der wir »leben, uns bewegen und unser Dasein führen«. Und in diesem Tun erlangen wir Kraft und Weisheit, sodass jede und jeder von uns seinen und ihren Teil dazu beitragen kann, diese Welt zu einem besseren Ort zu machen. Und wir entdecken »den Frieden, der alles Verstehen übersteigt«, diesen inneren Frieden, den Bernd auf so brillante Weise in den Porträts der Menschen verewigt hat, die in diesem prächtigen Buch abgebildet sind. Atman.

»Ich *sehe* mein Motiv nicht, ich *fühle* es.«

BERND KOLB

Als ich 2012 aufbrach, um mich auf die Suche nach den Quellen der Weisheit zu machen, ahnte ich nicht, dass dabei dieses Buch entstehen sollte. Meine Reise begann da, wo ich mein erstes tiefes spirituelles Erlebnis hatte – auf Bali. Dort, in der stockdunklen Meditationshöhle eines balinesischen Schamanen mitten im Dschungel, fühlte ich zum ersten Mal die Verbundenheit aller Geschöpfe der Natur mit mir selbst. Im reinen »Nichts« fühlte ich das »All«. Zum ersten Mal war ich wunschlos glücklich. Es war eine Erfahrung jenseits von Geburt und Tod, diesseits der Welt, wie ich sie bisher noch niemals wahrgenommen hatte. Aber wie bei vielen dieser Erfahrungen versagt eine Beschreibung in Worten. Dies sagt schon Laotse im großen Buch des Tao (übersetzt: »der Weg«), der ältesten chinesischen Weisheitslehre, im ersten Satz:

»Das Tao, das man beschreiben kann, ist nicht das wirkliche Tao.«

Die Erfahrung auf Bali hatte in mir wieder diesen Entdeckergeist geweckt, der mich schon ein Leben lang begleitete. Mit fünfzehn hatte ich *Siddhartha* von Hermann Hesse gelesen. Obwohl ich damals wohl eher nur »geahnt« als wirklich verstanden hatte. Doch wurde der Satz »Dorthin zu dringen, zum Ich, zu mir, zum Atman, gab es einen andern Weg, den zu suchen sich lohnte?«, ohne dass ich es zuvor wusste, zum Leitstern meiner Expedition.

Während dieser langen Reise hatte ich viele wirklich unbeschreibliche

Erlebnisse, die meine Sicht auf das Leben tiefgehend erweitert haben. Begleitet wurde ich von meiner Kamera, die vieles von diesem Unbeschreiblichen zu sehen bekam. Erst im Laufe meiner Reise begriff ich, dass es diese Bilder sind, die am eindrücklichsten erzählen, was so schwer nur in Worte zu fassen ist.

Es sind Bilder dieser wundervollen Menschen, die ich auf meiner Suche nach den alten Weisheitstraditionen Asiens traf. Achtsamkeit, Respekt und Offenheit waren meine Leitplanken. Ich wollte herausfinden, was diese Menschen so tief zufrieden erscheinen ließ. Sie luden mich ein, nahmen mich auf und teilten ihre Weisheit mit mir. Zeit spielte dabei keine Rolle – ich hatte sehr früh bereits sämtliche Planungen über Bord geworfen. Es war meine Intuition, der ich folgte, und alles fügte sich. Oft war es nur ein leises Gefühl, ein Augen-Blick, der mich anzog. Manchmal mitten aus einer Menschenmenge, wie beispielsweise das Mädchen aus Nepal auf dem Cover dieses Buches.

Am Krishna-Geburtstagsfest war ich auf dem Durbar Square in Kathmandu. Es waren dort sicher 5 000 Menschen zum Feiern und Tanzen versammelt. Aus etwa fünfzig Metern Entfernung schaute sie mich an, und ich spürte ihren Blick in meinem Rücken. Als ich mich umdrehte, sah ich sie inmitten des Trubels auf einer Treppe sitzen. Wie von einem Magneten angezogen, ging ich auf sie zu. Das alles geschah wie selbstverständlich. Wir begrüßten uns mit dem landesüblichen Namaste, dem traditionellen Gruß der Hindus, der etwa so viel bedeutet wie »Ich ehre in dir den göttlichen Geist, den ich auch in mir selbst ehre – und ich weiß, dass wir somit eins sind.«

Genau das, was diese Geste aussagt, fühlte auch ich. Fremde, aus scheinbar unterschiedlichen Welten, die sich voller Vertrauen, Respekt und »Zu-Neigung« begegnen und Nähe zulassen. Sie erzählten mir ihre Geschichten, ihre Beobachtungen, ihre Sicht auf die Welt und stellten auch mir viele neugierige Fragen. In solchen Situationen entstanden viele dieser Bilder, auf einer Ebene des Gefühls und des absoluten Gewahrseins. Die meisten Aufnahmen habe ich mit siebzig Zentimeter Abstand vom Gesicht meines Gegenübers gemacht. Dies ist der Mindestschärfeabstand meines Objektivs. Ich war also innerhalb des berühmten »Sicherheitsabstands«, der Komfortzone von einem Meter Radius, den wir normalerweise Fremden gegenüber wahren. Aber nichts war fremd in diesen Augenblicken, die Nähe fühlte sich wohlig und vertraut an, sicher für beide Seiten, sonst wären solche Aufnahmen gar nicht möglich. Oft saßen wir viele Stunden, manchmal Tage zusammen. Nicht selten gaben wir uns lange die Hand, um uns tief und innig zu spüren. Ich mag mich an jede einzelne dieser Begegnungen gerne erinnern, jede davon hat mein Herz berührt. In dem Augenblick, in dem ich diese totale Verbundenheit intensiv fühlte, drückte ich auf den Auslöser. Die Kamera wurde dabei nebensächlich, sie existierte gar nicht mehr. Aber sie hielt fest, was das bloße Auge alleine nicht sehen konnte. Die Bilder sind keine »Schnappschüsse«, sondern sie entstanden in dem von mir und meinem Gegenüber gefühlten Einssein. Ohne Kalkül, frei von Absicht. Deshalb ist das Kennzeichnende der von mir porträtierten Menschen nicht ihre Zugehörigkeit zu einer bestimmten Gruppe, Religion oder Kultur, sondern ihr ganz individueller Moment des Gewahrseins. Hunderten von Mönchen, Schamanen, Sadhus oder Priestern bin ich begegnet – aber fotografiert habe ich nur wenige. Denn lange nicht allen Begegnungen wohnte dieser magische Moment inne.

»Im Wesen von Beobachtung – seiner wahren Bedeutung – gibt es kein Denken; da gibt es kein Zentrum eines ›Ichs‹, das ›dich‹ anschaut«, sagt Jiddu Krishnamurti in seinem Buch *Der Spiegel der Liebe*. Genauso war es.

Die Menschen in diesem Buch haben in ihrem Alltag Rituale der Stille, der Leere. Das Ego-Bewusstsein rückt in den Hintergrund. Sie sind fast noch wie Kinder, offen, neugierig, fröhlich und freundlich zu Fremden. Sie streben nicht gierig nach Hab und Gut. Sie haben schon alles Materielle, was sie zum glücklichen Leben brauchen. Ihr Auskommen erhalten sie durch eigene Landwirtschaft, Handwerken, einfachen Handel oder, im Falle der Mönche oder Schamanen, durch Zuwendungen und Spenden, die sie fürs Heilen oder Segnen erhalten, ohne es zu verlangen. Sie haben wenige Pläne, und somit sind sie meistens im Gewahrsein der Gegenwart. Sie sind nicht abgelenkt durch Fernsehen oder Internet. Sie müssen keine Erwartungen von außen erfüllen. Die Wirklichkeit ist einzig die des Augenblicks, ihres Seins. Die tiefe Dankbarkeit für das Geschenk des Lebens macht sie zufrieden. Sie sind »bei sich selbst«, ihrem »wahren Selbst«, dem Atman.

Die meisten von ihnen können nicht sagen, wie alt sie sind. Sie feiern keine Geburtstage, und die Alten erinnern sich schlicht nicht mehr, in welchem Jahr sie geboren wurden. Der Grund dafür ist einfach: Es zählt der Moment. Gepaart mit dem Bewusstsein von Existenz, die nicht mit der Geburt beginnt und nicht mit dem Tod endet. Das Leben als ein Kapitel von vielen, in dem die Seele, das Atman, Erfahrungen sammelt und mehr und mehr zur Vollkommenheit reift, bis sich der »ewige Kreislauf« des Lebens wieder schließt. Dieses Bewusst-Sein hat einen wesentlichen Einfluss auf das Sein. Im Westen glauben wir, wir sind unser Körper und haben eine Seele, im Osten sind die Menschen die Seele und haben einen Körper. Allein dieses Selbstverständnis ist ein fundamentaler Schlüssel zum Glück, hält es doch die Gier im Zaum, nach überflüssigen, materiellen Reichtümern zu streben, die man für den inneren Wohlstand nicht braucht.

Alle in diesem Buch porträtierten Menschen praktizieren all-täglich eine Art von Meditation. Die einen formlos im An-nichts-Denken. Beispielsweise bei der Handarbeit im Rhythmus ihrer monoton wiederkehrenden Handlungen, einem Mantra gleich. Beim spirituellen Tanz, der einzig und allein aus dem inneren Gefühl heraus die Bewegungen entstehen lässt. Beim Bestellen der Reisfelder, das sich nur am Rhythmus der Natur orientiert. Andere tun dies in einer rituellen Meditationspraxis: die Mönche, die Schamanen oder die Sadhus, die mehrere Stunden am Tag gezielt in die Versenkung gehen, um in ihrem wahren Selbst zu sein.

Dies ist die Quelle, aus der sich diese Zufriedenheit schöpfen lässt.

Deshalb ist Weisheit kein Dogma, keine Religion, kein akademisches Wissen, sondern eine Lebenspraxis, die jedem von uns möglich ist. Einfachheit, Langsamkeit und Stille sind der Balsam für die Seele.

Während dieser Begegnungen war immer ein besonderes Licht, oder mehr ein Leuchten, das auf diesen Bildern zu sehen ist, die oft bei Dunkelheit aufgenommen wurden. Ich benutzte niemals Kunstlicht, keinen Blitz, keine Lampe, ich gab niemals »Regieanweisungen«. Ich griff nie ein in die gegebene Situation. Ich fotografierte nur das, was in diesem Moment wirklich war. Ich sah mein Motiv nicht, ich fühlte es. »Es gibt ein Auge der Seele, mit ihm allein kann man die Wahrheit sehen«, drückte es der griechische Philosoph Platon einst aus. Das Phänomen ist also keineswegs neu, es ist jedem möglich, solche Erfahrungen zu machen. Aber es ist schwer geworden in einer Zeit, in der uns das Blendwerk der verführerisch glitzernden Konsumwelt immer mehr erblinden lässt.

Heute gehe ich davon aus, dass diese Intensität des tiefen wechselseitigen Einlassens der Seelen in den Bildern gespeichert ist. Eine Art »Geist«, der jedem Betrachter zugänglich wird, wenn er sich genauso wie ich auf sein Gegenüber auf den Bildern einlässt. Diese Art von »Sehen« kann man nur mit dem Herzen gut, wie es Antoine de Saint-Exupéry den »kleinen Prinzen« sagen lässt. Jeder Mensch hat diese Gabe, jeder ist mit jedem verbunden. Wer sich zuwendet, sich einlässt und sein eigenes Herz öffnet, erlebt diese Erfahrung. In der entstehenden Verbindung erspürt er nicht nur sein Gegenüber, sondern sich selbst, sein wahres Selbst, das Atman. Erschrecken Sie nicht, wenn beim intensiven Betrachten »merkwürdige« Dinge geschehen. Vielleicht wird sich nach einer gewissen Zeit Ihr Gegenüber im Bild »verändern«, es wird »lebendig«, dreidimensional, wird beginnen, sich zu bewegen, oder verändert gar sein Gesicht. Aus einem Mann kann plötzlich eine Frau werden, aus einem Kind ein Greis. All das sind die vielen Facetten unseres Atman. In jedem von uns gibt es diese vielfältigen Aspekte unseres Selbst. Wir sind mit allem und allen verbunden. Das habe ich intensiv gefühlt, in jeder einzelnen Situation, in der diese Aufnahmen entstanden sind. Sie können das im kontemplativen »Betrachten« selbst erleben.

Hermann Hesses *Siddhartha* war eine der wichtigsten Inspirationen meiner Jugendzeit. Als ich das Buch nach mehr als dreißig Jahren wieder las, wurde mir klar: Auch meine Reise war eine Reise zu mir selbst. All die wundervollen Menschen, denen ich begegnete, waren meine Wegweiser. Ganz bei sich und doch gleichzeitig tief mit mir und allem verbunden. So wie das Atman allverbunden ein Teil des Brahman, des Göttlichen, des Alls, der Weltseele ist. Es schloss sich für mich ein Lebenskreis. Meine erste, fast noch kindliche Berührung mit dem Atman mündete in dieses Werk, wie ein Bächlein in den Fluss und dieser in den Ozean. Dieses Einssein kann Ihnen dieses Buch schenken, Sie können es selbst nutzen, erspüren und erfahren. Es ist eine Schatztruhe – wenn man sie öffnet, offenbart sich das Kostbare, und hier ist der Schlüssel:

Gönnen Sie sich für das Betrachten der Bilder eine Atmosphäre der Ruhe.

Widmen Sie Ihrem Gegenüber respektvolle Aufmerksamkeit.

Sie machen eine neue Bekanntschaft.

Schauen Sie in die Augen, nehmen Sie bewusst Kontakt auf.

Verweilen Sie, erfühlen Sie die Verbindung.

Lassen Sie es ruhig zu, dass die Bilder nach einer Weile »unscharf« werden.

Lassen Sie sich ein, öffnen Sie Ihr Herz.

Nun beginnt der Dialog, ganz ohne Worte, tief im Innern.

JAVA

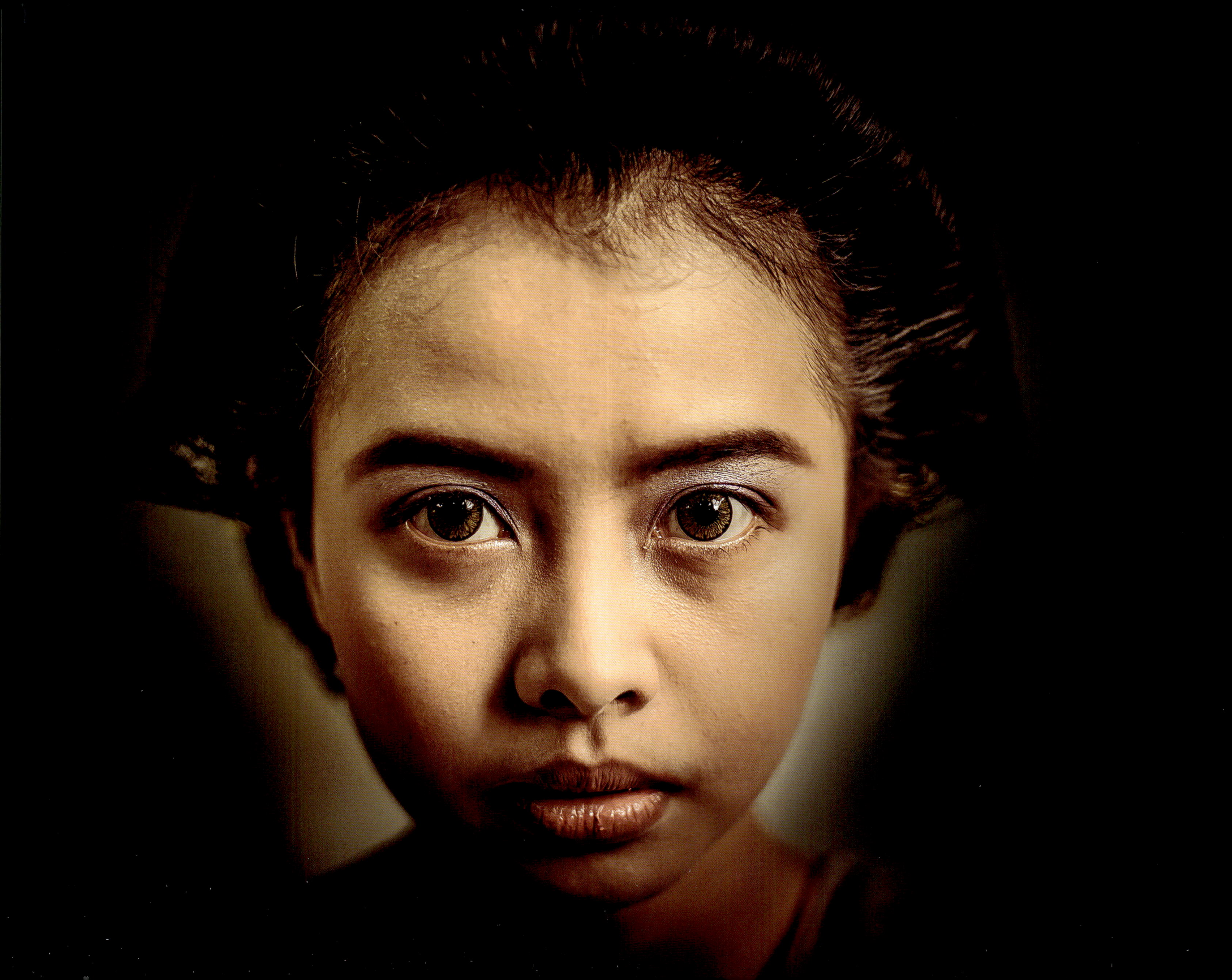

BALI

ANGKOR

MAE HONG SON

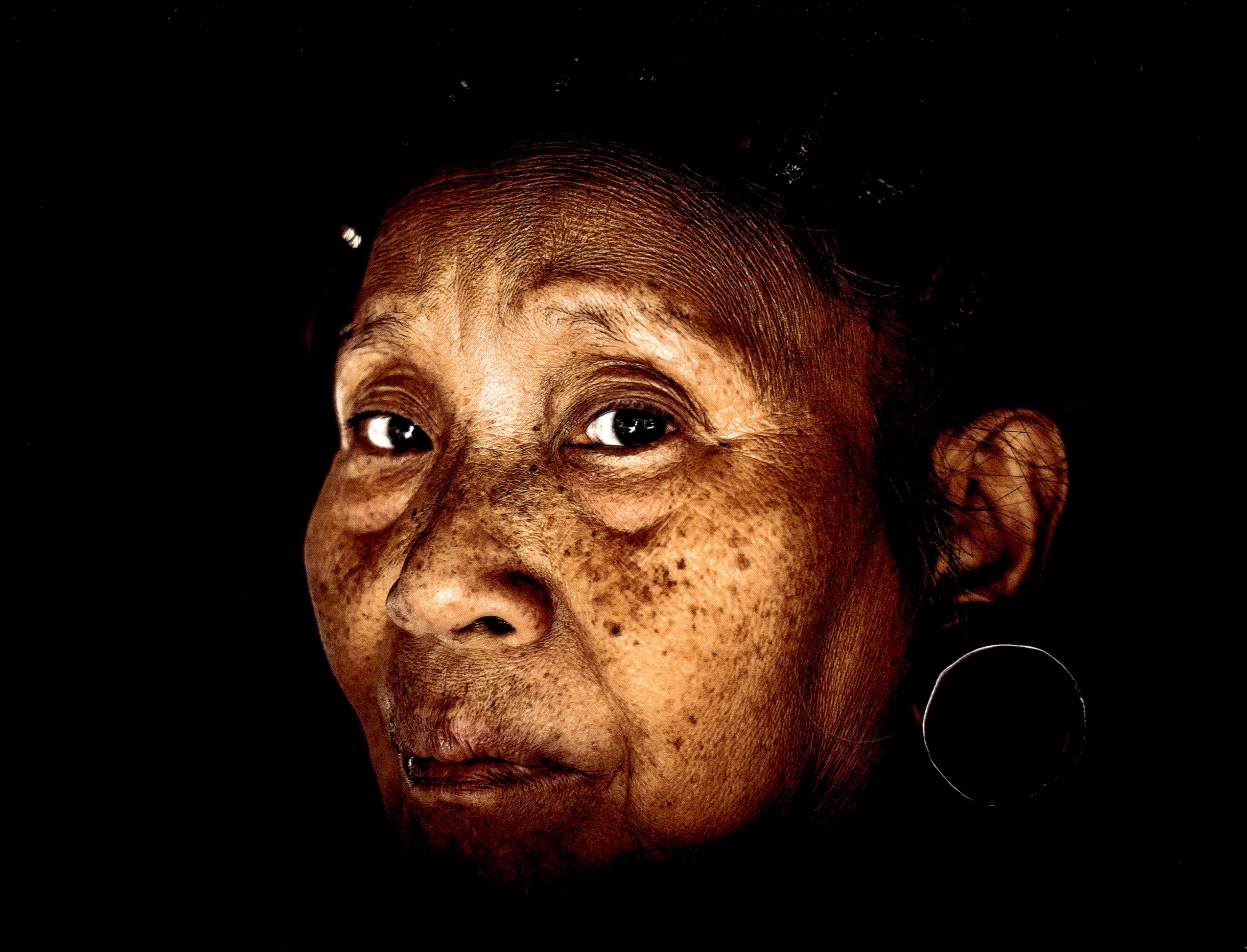

BURMA

KATHMANDU

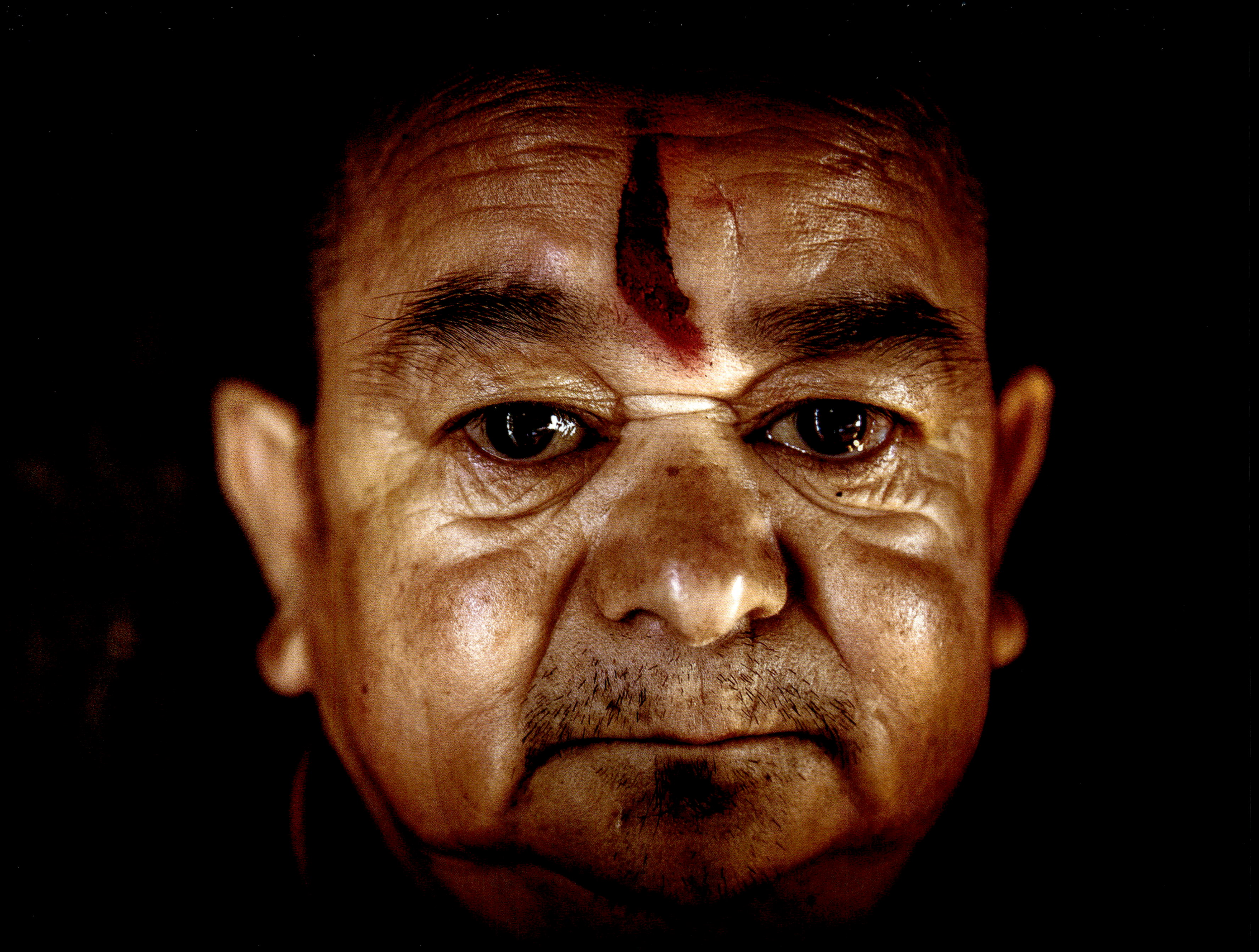

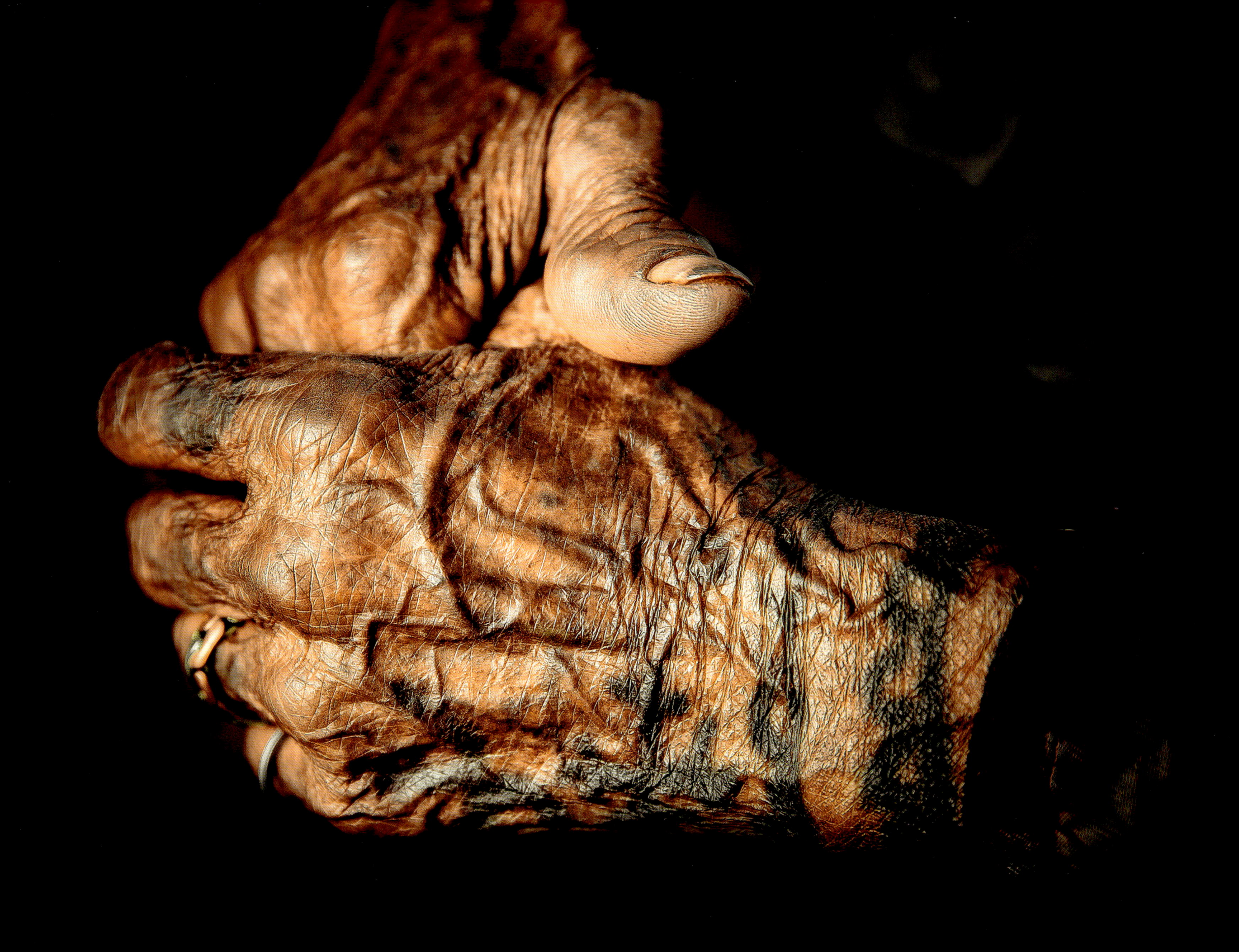

HIMALAYA

BOROBUDUR

Borobudur ist die größte buddhistische Tempelanlage der Welt. Sie liegt in Zentral-Java, etwa vierzig Kilometer westlich von Yogyakarta, dem kulturellen Zentrum Javas, wo meine erste Wisdom Expedition 2012 begann. Die Architektur der 1200 Jahre alten Stufenpyramide repräsentiert auf neun Ebenen die drei Welten: die unterste Welt ist die Sinnenwelt der Menschen, die mittlere ist die feinstoffliche Übergangswelt, in der die Menschen von ihrem körperlichen Dasein befreit werden – bis hinauf zur unkörperlichen Welt, der Welt der Erleuchtung.

WINDOWS OF THE SOUL

Junge javanische Tänzerin in Yogyakarta während ihrer mentalen Vorbereitung auf eine spirituelle Tanzaufführung. Das Bild entstand während des Schminkens hinter der Bühne. Die Klarheit in ihrem Blick berührte mich tief.

BEDHAYA

Der Bedhaya-Tanz ist einer der heiligen, spirituellen Tänze Javas. Ursprünglich von höfischen Tänzerinnen aufgeführt, gibt es mittlerweile auch männliche Tänzer, die in Frauengestalt auftreten. Dies zeugt vom hohen Respekt, den die Transgender in Java genießen. Einheit in Vielfalt ist ein hochgeachteter Wert in der kulturellen, religiösen und gesellschaftlichen Tradition Indonesiens.

HONESTY

Mit dieser jungen javanischen Tänzerin sprach ich nach ihrem berührenden Auftritt lange über Ehrlichkeit. Für sie ist Ehrlichkeit die wichtigste Voraussetzung zur Reinheit des Geistes, ohne die ihr Tanz nicht möglich wäre. Es ist aber insbesondere die Ehrlichkeit zu sich selbst, mit der man sich aus der Verstrickung der eigenen Illusionen befreit.

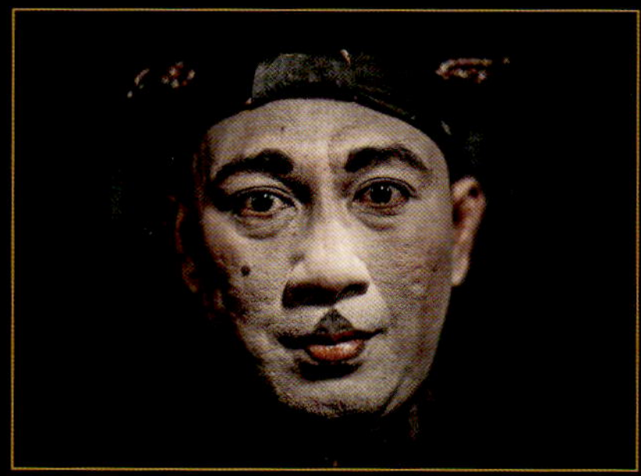

JUDGEMENT

In vielen traditionellen Theateraufführungen Javas gibt es einen wilden Wechsel zwischen Komödie und Tragödie. Der Schauspieler erklärt mir, dass es immer darum geht, die Balance zwischen dem Guten und dem Bösen zu halten, in der eigenen Mitte zu bleiben, alles im Leben anzunehmen, ohne sofort zu urteilen.

JAVANESE GRACE

Der javanische Tanz strahlt in ergreifender Würde. Die stundenlange Vorbereitung der Tänzer ist ein Akt der inneren Transformation. Nur wer ganz bei sich ist, kann sich mit der Musik und den anderen Tänzern zu einer Einheit verbinden. Die Tänzerin auf dem Bild strahlt diese innere Ruhe aus.

SYMPHONY

Die Verschmelzung von Musik und Tanz ist ein zentrales Element der javanischen Kultur. Dies gelingt nur, wenn sich Musiker und Tänzer in ihrem Inneren verbinden, erklärte mir der Gamelan-Spieler eines berühmten Orchesters aus Yogyakarta. »Sobald wir es mit unserem Verstand versuchen, sind wir getrennt. Die vollkommene Verbindung erreichen wir nur im gegenseitigen Fühlen. Wir spüren uns und werden eins, das ist die hohe Kunst.«

KERATON

Der Sultanspalast in Yogyakarta ist eines der bedeutendsten kulturellen Zentren Indonesiens. Die königliche Familie lebt hier in der 10. Generation und fungiert als Bewahrerin der javanischen Traditionen. Auf dem Bild ist ein geheimer unterirdischer Tunnel des Taman Sari Wasserschlosses zu sehen. Dies ist ein Teil des Palastkomplexes, der als Ort der Kontemplation und Meditation erbaut wurde. Ich habe viele Tage im Palast verbringen dürfen und mir wurde das große Privileg zuteil, zu den ansonsten Besuchern verschlossenen Räumen und Archiven Zugang zu erhalten.

RM ALTIANTA

Meine Freundschaft mit RM Altianta, einem Mitglied der königlichen Familie, öffnete mir die Türen zum reichen Schatz javanischer Weisheitslehren. In den nicht öffentlichen Archiven befinden sich die alten Schriften, die er mir tagelang übersetzte und erklärte. Ihm gilt dafür mein besonderer Dank.

EWAH-EWAHAN

Die Ewah-Ewahan ist eine wichtige spirituelle Figur der javanischen Mystik. Sie schützt die Königin bei der Hochzeitszeremonie vor bösen Geistern, indem sie vorgibt, selbst die künftige Frau des Sultans zu sein. Ihre auffällige Maskerade und ihr skurriler Tanz sollen die Geister anziehen und täuschen. Die Ewah-Ewahan bereitet sich ihr ganzes Leben lang rituell auf diese Aufgabe vor. Vollkommene innere Reinheit macht sie immun gegen den Angriff der Dämonen. Die heute 77-Jährige diente bereits dem 9. und 10. Sultan. Seit ihrem 14. Lebensjahr ist sie Teil der höfischen Gesellschaft. Ihre Ausstrahlung war magisch.

ABDI DALEM

Ein Abdi Dalem ist ein Bediensteter am Hofe der javanischen Königshäuser. Die Bräuche und Rituale sind seit Jahrhunderten unverändert und werden von Generation zu Generation in den Familien weitergegeben. Dadurch wird der Palast auch zum Hüter der javanischen Weisheitstraditionen.

DUKUN

Dukun Norem, ein berühmter javanischer Schamane, bei der Durchführung des »Pawang Udan«, eines spirituellen »Rain-Stopping«-Rituals. Tatsächlich hörte es im Umkreis von einem Kilometer nach wenigen Minuten auf zu regnen. Er führte mich in den javanischen Schamanismus ein und beging mit mir das Initiationsritual »Kungkum«, eine mitternächtliche Unterwasser-Meditation im heiligen Opak-Fluss. Es öffnet die Sinne und stärkt die seelischen und körperlichen Kräfte und war eine intensive Erfahrung.

TRANCE

Um herauszufinden, was meine wahre Aufgabe sei, ging Norem gemeinsam mit mir während mehrerer Stunden in eine tiefe Trance. Er wollte mit der geistigen Welt sprechen und so eine Antwort auf meine Frage erhalten. Ich solle das, was ich erfahre und lerne, in meine Welt tragen, um es dort mitzuteilen, lautete die Mission. Zu diesem Zeitpunkt war mir noch nicht bewusst, dass es sich dabei um dieses Buch handeln würde.

GREY HIJAB

Junge Frau aus Madiun mit Hijab, dem traditionellen Kopftuch, während des »Lebaran«, der traditionellen muslimischen Feier des Fastenbrechens. Ich wurde von ihrer Familie eingeladen, an diesem großen Fest teilzunehmen.

JAWI JIWA

Im Tempel von Borobudur traf ich diesen alten Javanesen, der mir die Bedeutung des Inselnamens Jawa (in Originalschreibweise mit »W«) erklärte. Der Begriff setzt sich aus zwei javanischen Worten zusammen. Jawi bedeutet »außen« und Jiwa bedeutet »innen«. Beide Worte kombiniert ergeben Jawa – Ausdruck der javanischen Weltsicht, des Zusammenspiels der inneren und äußeren Welten, des Sichtbaren und des Unsichtbaren.

BLISS

Diese alte Frau teilte mit mir die Weisheit ihrer 103 Lebensjahre. »Die Freude an dem, was du hast, muss immer stärker sein als die Gier nach dem, was du nicht hast. Dann führst du ein langes und glückliches Leben.« Was wie ein Kalenderspruch anmutet, strahlt fühlbar aus ihr. Seitdem mache ich mir stärker bewusst, wie wohltuend es ist, meinen Geist immer wieder auf das zu richten, was gut und schön ist in meinem Leben.

BALI

Bali hat weltweit die meisten Tempel pro Quadratkilometer. Mehr als 10.000 davon gibt es, und alle werden täglich aktiv für Zeremonien und Rituale genutzt. Dies erzeugt eine spirituelle Energie, die Bali wahrhaftig zur »Insel der Götter« macht. Die Balinesen selbst sprechen von der »sichtbaren« und der »unsichtbaren« Welt. Die richtige Balance zwischen beiden prägt die balinesische Kultur seit tausenden von Jahren. Das Bild zeigt einen der typischen Tempeleingänge, symbolische Stufen der Erleuchtung. Es entstand bei Purnama (Vollmondnacht), in der die Götter vom Himmel

OLD SOUL

Ein fünf Jahre altes Mädchen aus Ubud im traditionellen Kostüm einer Tempeltänzerin. Beim intensiven Betrachten dieses Fotos spürte ich zum ersten Mal die außergewöhnliche Energie, die den Bildern innewohnt. Es war diese Entdeckung, die mich inspirierte, dieses Buch zu machen. Ich erinnerte mich an den magischen Moment der Begegnung, als dieses Bild entstand. Obwohl Kind, verbarg sich für mich eine »alte Seele« hinter ihrem Blick, die mit mir Kontakt aufnahm.

WAYAN

Wayan ist der balinesische Schamane, der mich die traditionelle Kunst des Heilens gelehrt hat. Krankheit ist die körperliche Folge eines »bad spirit«. Der Heiler löst diesen über eine intensive Verbindung aus dem Körper heraus und überträgt den eigenen »good spirit«. Einige Wochen durfte ich sein Schüler sein. In seiner Meditationshöhle erfuhr ich einige tief spirituelle Erlebnisse, die nur schwer in Worte zu fassen sind. Auf dem Bild weiht Wayan ein paar Räucherstäbchen, die in einem Heilritual eingesetzt werden.

IDA PEDANDA GEDE MADE GUNUNG

Der höchste Hindu-Priester Balis ist für mich eine wahre Quelle der Inspiration. Er entstammt einer langen Ahnenreihe von Brahmanen, den spirituellen Führern der Hindus. Das Bild durfte ich in seiner eigenen Meditationshöhle während seiner Meditation aufnehmen. Seine Einladung, mit ihm dort gemeinsam zu meditieren, wurde bislang nur engsten Getreuen von ihm zuteil. Ich durfte ihn bei vielen Zeremonien begleiten und er erklärte mir die balinesischen rituellen Praktiken.

GANESHA

Am Eingang der Mediationshöhle von Pedanda Gunung thront die Statue von Ganesha, dem Gott des Gewahrseins, des Hier und Jetzt. Er verkörpert das formlose Höchste, das Brahman. Obwohl aus Stein, hat diese Skulptur eine nicht fassbare Ausstrahlung, die Augen haben einen lebendigen, berührenden Blick.

GALUNGAN

Einer der schönsten Tempel Balis ist in Mas. Seit Generationen gehört er einer Brahmanen-Familie, aus der auch mein Freund Ida Bagus Oka stammt. Er erklärte mir die Bedeutung aller Statuen und Reliefs, die seine Familie über viele Jahrzehnte schuf. Das Bild entstand während der Galungan-Zeremonie, bei der die Geister der Ahnen auf die Erde kommen. Ihnen zu Ehren werden drei Tage lang aufwändige Opfergaben zum Tempel gebracht. Die einzigartige Atmosphäre zog auch mich in ihren Bann.

JUST RECEIVE

Gebete während der Zeremonien sind Meditationen, durch die der Geist zur vollkommenen Reinheit entleert wird. In Kontemplation wird tief im Innern empfangen, was die Ahnen oder die geistige Welt übermitteln.

NO MUD, NO LOTUS

Das Falten der Hände zu einer Mudra, einer symbolischen Handgeste, dient zur Fokussierung während der Meditation. Übersetzt aus dem Sanskrit bedeutet Mudra »das, was Freude bringt«. Auf dem Bild ist die Mudra meines Freundes Anak Agung Gde Bagus Mandera Erawan, eines der legendärsten Legong-Tänzer Balis, zu sehen. Sie symbolisiert die Lotosblüte (das Glück), die aus dem erdigen Schlamm (das Leid) aufsteigt.

TRANSFORMATION

Anak Agung Gde Oka Dalem ist ein berühmter Tänzer und Gamelan-Spieler aus Ubud, den ich einige Male bei seinen Vorbereitungen zur Aufführung begleiten durfte. Fünf Stunden vor seinem Auftritt beginnt eine Art Transformation. Er legt seine Alltags-Persönlichkeit ab und geht tiefer und tiefer in einen reinen Bewusstseinszustand. Ab einem bestimmten Moment ist er nicht mehr ansprechbar. Auf der Bühne artikuliert er sein Innerstes in Form seines musikalischen und tänzerischen Ausdrucks.

TAKSU

Das Taksu ist der tranceartige Zustand, die Essenz des Geistes, die göttliche Inspiration. Auf dem Bild ist eine Gamelan-Musikerin zu sehen, die während dieses Spiels tief in ihrem Inneren versinkt, um dem Gefühl und der seelischen Verbindung zu den anderen Mitgliedern des Orchesters sowie den Tänzern freien Lauf zu lassen. Es kommt zu einer kollektiven Verschmelzung, zur höchsten Vollendung, dem Taksu.

LEGONG

Der Legong, der als der schönste balinesische Tanz gilt, stellt hohe Anforderungen an das Können der Tänzerinnen. Jeder einzelne Ton der schnellen Abfolgen von Klängen des Gamelan-Orchesters wird in improvisierte Bewegung umgesetzt. Besonders die Augen mit ihrer gesamten Muskulatur werden synchron zur Musik bewegt. Während der gesamten Aufführung befindet sich die Tänzerin im Taksu.

MASK

Diese balinesische Holzmaske wurde ganz bewusst für dieses Buch ausgewählt. Sie trägt einen Geist, der ihr während des Schnitzens von einem spirituellen Maskenmacher eingehaucht wurde. Das dafür verwendete Holz stammt von einem Baum, der auf einem Friedhof stand, in dem die Geister der Ahnen wohnen. Symbolisch stellt sie die Beziehung zwischen Gott, Mensch und Natur dar. Sie hängt an der Wand des Setia Darma House of Mask and Puppets, wo mein Freund Agustinus Prayitno mehr als 1000 Exponate seiner Sammlung präsentiert. Sie »sprach« zu mir und ihre Ausstrahlung ist auch auf dem Foto spürbar.

CONTEMPLATION

Dieser junge Tänzer auf Nusa Penida, einer kleinen Insel vor Bali, ist bereits vor seinem Auftritt während einer traditionellen Zeremonie in tiefer Kontemplation. Er stand zwei Stunden regungslos hinter der Bühne.

BATUR

Der Mount Batur ist ein aktiver Vulkan, der von den Balinesen als heiliger Berg verehrt wird. In seinem von Schwefel getränkten, türkisfarbenen See gibt es der balinesischen Mythologie nach viele Geister, die mit großen Zeremonien, abgehalten auf Booten, geehrt werden.

INNER TRUTH

Ida Sri Empu Ciwa Reka Adnyana Sidantha ist der Hohepriester von Batur. Er bat mich zu sich in sein Haus, obwohl er sonst keinen Kontakt zu westlichen Besuchern pflegt. Zum ersten Mal erlaubte er es auch, ihn zu fotografieren. Er erklärte mir, dass es nur eine Wahrheit gibt, die innere Wahrheit.

FARMER

Ich sah diesen balinesischen Reisbauern auf seinem Feld von der Straße aus, und sein Blick zu mir herüber ließ mich haltmachen und zu ihm gehen. Ohne dass ich ihn gefragt hatte, begann er, mir von seinen Fähigkeiten zur Vorausschau des Wetters zu erzählen. Er verbindet sich mit den Geistern des Himmels, die zu ihm flüstern.

PRESENCE

»Mehr als 100 Jahre«, antwortet mir der Urenkel, als ich ihn frage, wie alt seine Großmutter denn sei. »Das ist nicht wichtig«, fügt sie hinzu, »alles, was zählt, ist immer nur der Moment!« Die alte Balinesin durchdringt mich mit ihrem wachen Blick, ihre Präsenz ist alterslos und lässt mich die schönen Falten in ihrem Gesicht vergessen.

GROUND

Ich traf diese Balinesin während der Vorbereitungen zu einer traditionellen balinesischen Bestattungszeremonie. Es gibt nur speziell von den Hohepriestern bestimmte Tage, an denen die toten Körper dem Feuer übergeben werden und ihr Geist, vom Körper befreit, zum Himmel aufsteigt. Sie selbst spüre, wie sie mir zu verstehen gab, noch die Erde unter ihren Füßen, mit der sie als Mensch verbunden ist. Damit sich der Geist im Leben nicht verirrt, darf man diesen Kontakt zur Natur nie verlieren.

DARKNESS

Anak Agung Gde Raka Pudja ist einer der berühmtesten Maler Ubuds. Der heute 87-jährige Maestro schöpft seine Inspiration aus der inneren Dunkelheit der Versenkung. Dort erscheinen ihm seine Motive, die auch oft als Vorlagen für die Reliefs der balinesischen Steintempel dienen.

BALANCE

Die balinesischen Frauen tragen während der Tempelzeremonien bis zu 15 Kilogramm schwere Körbe mit Opfergaben auf ihrem Kopf. Die 90-jährige Großmutter auf dem Bild erklärt mir den Sinn: Es ist eine Balance-Übung, die vollste Konzentration und Hingabe erfordert. Diese Balance steht sinnbildlich für das ausgewogene Leben, das Geheimnis der inneren Zufriedenheit.

ANGKOR

Die Region Angkor in Kambodscha beherbergt mehr als 1000 Tempel und heilige Stätten. Die 49 etwa 30 Meter hohen, in Stein gemeißelten Gesichtstürme des Bayon-Tempels von Angkor Thom zeigen das gütige Lächeln des Bodhisattva Avalokiteshvara, des tibetischen Schutzpatrons des universellen Mitgefühls. Ausgerichtet in die vier Himmelsrichtungen repräsentieren die Statuen das Allsehende des Erleuchteten. Der Tempel selbst zeigt sowohl hinduistische als auch buddhistische Reliefs. Diese Einheit zwischen den beiden Religionen ist noch heute gelebte Kultur in Angkor.

INCENSE

In nahezu allen Kulturen gehört der Duft als sinnliches Element der geistigen Reinigung zu den meditativen Ritualen. So ist es auch heute noch in christlichen Kirchen und in Moscheen der Weihrauch, in buddhistischen und hinduistischen Zeremonien das Räucherstäbchen, in seinem Ursprung aus reinem Sandelholz. Die alten Tempel in Angkor werden nach wie vor von den Gläubigen zum Gebet und zur Meditation genutzt.

SUVARNABHUMI

Die 103-jährige buddhistische Nonne Suvarnabhumi traf ich in einer kleinen versteckten Nische der Haupthalle von Angkor Wat. Sie sitzt seit etwa 60 Jahren fast jeden Tag in ihrer kleinen Höhle und meditiert. Stundenlang saß ich meist schweigend mit ihr an diesem heiligen Ort und erfuhr von ihr das Geheimnis, das sich hinter Angkor Wat verbirgt.

WEDDING DANCER

Traditionelle Hochzeitstänzerin, die während des mehrtägigen Zeremoniells in ihren rituellen Aufführungen die Werte der Ehe tänzerisch darstellt.

FORTUNE TELLER

Dieser Wandermönch aus Angkor reist jahraus, jahrein durch Kambodscha und bietet seine seherischen Dienste an. Er genießt in der Bevölkerung hohen Respekt. Er spricht mich an und, bevor ich noch selbst zu Wort kommen kann, wünscht er mir gutes Gelingen für mein wichtiges Buch. Gut geraten oder *gesehen*?

MERRY

Die fast 100-jährige kambodschanische Großmutter ist ein Quell der Lebensfreude. Humor ist für sie das Wichtigste im Leben und Lachen die beste Medizin.

KEKTI

Schamanen sind in Kambodscha aufgrund ihrer Kenntnis der schwarzen Magie gefürchtet. Ihr Heilwissen aber wird hoch geschätzt. Kekti ist einer der berühmtesten Heiler Angkors, der aber vor 20 Jahren beschloss, als Mönch in einem Kloster zu leben, um den Menschen die Furcht vor seiner Heilkunst zu nehmen. Er braut Baumrinden, in denen die heilenden Kräfte der Bäume stecken, mit denen er »in Verbindung« steht. Seine »Tree Medicine« stammt aus uraltem, mündlich überliefertem Wissen seiner Vorfahren.

MAE HONG SON

Die Provinz Mae Hong Son liegt im Norden Thailands direkt an der Grenze zu Burma. Viele der alten Karen-Stämme wurden von der burmesischen Militärdiktatur aus ihrer Heimat vertrieben und leben heute zum Teil in dieser Bergregion.

KAREN

Die Karen gehören zu den Bergvölkern, die einst aus Tibet nach Burma einwanderten. Ihre Frauen, die »Longnecks«, erkennt man an dem schweren, goldenen Halsschmuck. Die Schamanin auf dem Bild ist die Heilerin der Dorfgemeinschaft.

ELEPHANT

Eine meiner ungewöhnlichsten Begegnungen war sicher jene mit diesem Elefanten auf einem Feldweg. Er lief auf mich zu und blieb direkt vor mir stehen. Obwohl ich großen Respekt vor diesen prächtigen Dickhäutern habe, machte er mir keine Angst. Er sah mich an, und ich bekam Gänsehaut, so tief berührte er mich mit seinem intensiven Blick. Ich fühlte zu ihm eine ganz ähnliche, vertraute Verbundenheit. So standen wir uns minutenlang gegenüber. Ich fühlte durch ihn, wie alles Leben in der Natur beseelt ist.

EMPTINESS

Der Mönch aus dem buddhistischen Tempelkloster Wat Phra That Doi Suthep in der Nähe von Chiang Mai lud mich zur gemeinsamen Meditation ein. Das Bild entstand unmittelbar danach, in einem wohltuenden Zustand vollkommenen inneren Friedens.

PADAUNG

Ihrem Ursprungsmythos zufolge stammen die Padaung, einer der vielen verschiedenen Stämme der Karen, von einem weiblichen Drachen mit gepanzertem Nacken ab, der sich in eine schöne junge Frau verwandelte. Daraus entstand der schwere Halsschmuck, der auch heute noch mit Stolz getragen wird.

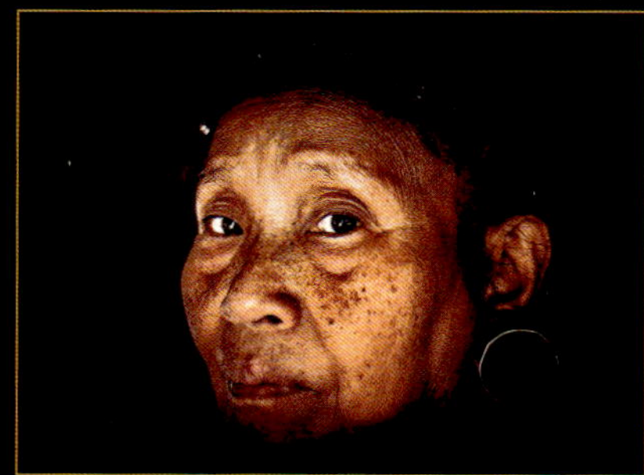

LONG EAR

Neben dem Halsschmuck der »Longnecks« gibt es unter den Karen auch die »Longears«, benannt nach ihrem Ohrschmuck, der ebenso in großer Würde getragen wird.

MOUNT POPA

Der Mount Popa ist ein erloschener Vulkan, der ca. 500 v. Chr. wie eine Blume (im Sanskrit »Popa«) aus der Erde wuchs und zum spirituellen Zentrum Burmas wurde. In diesem von den Burmesen als heilig verehrten Berg leben die Geister der 37 »Nats«, die Heiligen, zu denen seit Einzug des Buddhismus auch Buddha Gautama gehört. Dies zeigt die im Buddhismus häufig anzutreffende Einbettung der ursprünglich animistischen, lokalen Religionen. Auf dem Gipfel des Mount Popa befindet sich die Tuyin Taung Pagode.

777 STEPS

Wer die Tuyin Taung-Pagode in Popa besuchen möchte, muss die 777 Stufen zum Kloster erklimmen. Als ich schon etwa nach der Hälfte des Aufstiegs eine längere Pause einlegen musste, kam die Frau mit dem kunstvoll geschlungenen Turban zu mir und reichte mir freundlich eine Schale Wasser. Sie trägt die Thanaka, die traditionelle burmesische Gesichtsbemalung. Diese aus einer Baumrinde gewonnene Paste ist Make-up und Sonnenschutz zugleich.

NOTHING

In der prächtigen Shwedagon-Pagode von Yangon begegnete ich diesem Mönch, der mich unvermittelt ansprach. »I know that I know nothing«, wiederholte er mehrfach. Gemeint war damit seine tiefste, selbst erfahrene Erkenntnis. Wissen wird nicht nur zu einer Illusion des Geistes, sondern zu einer Begrenzung unseres Selbst. Mit allem, was wir glauben zu wissen, schränken wir unsere Möglichkeiten ein, zu erfahren, dass es immer auch ganz anders sein kann. Als ich ihm sagte, dass es sich dabei um eine der bedeutendsten philosophischen Erkenntnisse der griechischen Antike handle, lächelte er zufrieden.

SPIRIT OF THE ANCESTOR

Auch in Burma hat der spirituelle Tanz eine lange Tradition. Er ist gelebte Geschichte, die mythischen Figuren werden lebendig. Um dies zu ermöglichen, müssen sich die Tänzer mit dem unsterblichen Geist der Ahnen verbinden. Dies erfordert eine tiefe Kontemplation, das Schminken ist der äußerliche Prozess, die Meditation der innere.

SMOKE

Jeden Tag sitzt diese alte Frau am Eingang des Aananda-Tempels in Bagan und verkauft in ihrem kleinen Bauchladen Kräuterbonbons aus Tamarinde. Dabei raucht sie eine typische burmesische »Zigarre«, ein selbst gedrehtes Maisblatt mit einer kruden Mischung aus Palmblatt und Palmrinde und ein wenig Tabak.

FLOWER

Die Blumenverkäuferin aus Mandalay sitzt am Eingang der Mahamuni Pagode, einer der bedeutendsten buddhistischen Pilgerstätten. Die Blume ist ein zentrales buddhistisches Symbol, das sie mir so erklärt: Die Blume sehen heißt, zur Blume werden, die Blume sein, als Blume blühen und sich sowohl an Sonne als auch Regen erfreuen. Darüber hinaus wird durch die Opfergabe (Pupphapuja) daran erinnert, dass der menschliche Körper wie die Blume verwelken wird.

NUN

Diese buddhistische Nonne traf ich in der der Mahamuni Pagode in Mandalay. Sie ist stumm. Sie hielt mich lange an den Händen und schaute mir intensiv in die Augen. Dadurch entstand ein langes, wortloses Gespräch, das mir sehr naheging.

BIG BOOK

In der Kuthodaw Pagode in Mandalay befindet sich das größte Buch der Welt. In den 729 Stupas stehen große Marmorplatten, in die der Pali-Kanon, das Leben und Werk Buddhas, eingraviert wurden, damit er für alle Zeiten unverfälscht erhalten bleibt. Der alte Wächter dieses heiligen Ortes führt mich stundenlang durch die »Seiten«, bis wir beide am Ende die Stille genießen, die am Abend nach Schließung einkehrt.

BOUDHANATH

Die Stupa von Boudhanath in Kathmandu gehört zu den bedeutendsten Heiligtümern des tibetischen Buddhismus. Sie wird gemäß der Kora im Uhrzeigersinn rituell umrundet. Für mich trägt dieser Ort eine unbeschreibliche Energie.

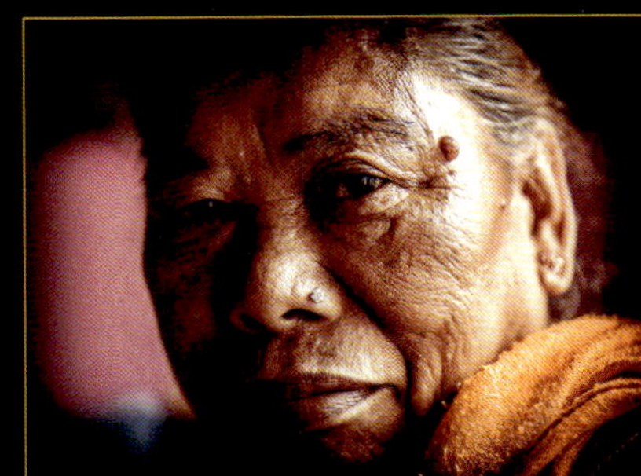

AAMA

Aama Bombo gehört zum internationalen Rat der 13 indigenen Großmütter und ist eine der angesehensten Schamaninnen Nepals. Sie lud mich ein, am spirituellen Ritual der Schamanen im Himalaya teilzunehmen, das in der Vollmondnacht im August auf dem Kalinchok, dem 4 000 Meter hohen heiligen Berg der Göttin Kali, stattfindet. Ich habe mit ihr eine intensive Verbindung und ihren schamanischen Segen für dieses Buch.

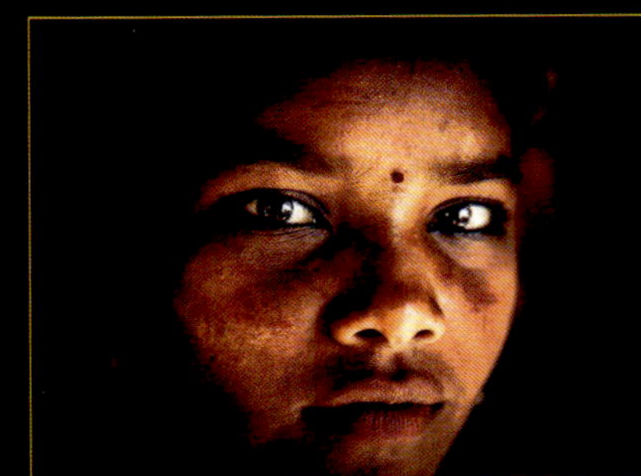

THE GIRL FROM DURBAR SQUARE

Mädchen am Durbar Square während des hinduistischen »Janmashtami«-Fest, dem Geburtstag von Krishna und einem der höchsten Feiertage Nepals. Krishna ist der göttliche Ratgeber in der Bhagavad Gita (500 v. Chr.), einer der wichtigsten heiligen Schriften des Hinduismus. Darin lehrt Krishna die Bedeutung des Atman, des wahren Selbst.

SACRED

»Weise Frau«, die durch die Pagoden und Tempelstätten Nepals reist und von den Gläubigen als »heilig« verehrt wird. Sie legte die Hand auf meine Stirn und erteilte mir ihren Segen für dieses Buch.

KARMA

Die Großmutter saß am Ufer des Bagmati, des heiligen Flusses, der später in den Ganges mündet. Für sie spielt ihr Alter keine Rolle, ihr Leben ist nicht limitiert von Geburt und Tod, sondern ein Teil der Wiederkehr auf der langen Reise zum Nirvana. Jeder Moment des Lebens ist ein Geschenk, eine Gelegenheit, Gutes zu tun, um die Seele, das Atman, zu vervollkommnen. Aus allem Tun entsteht das Karma, die Summe all unseres menschlichen Wirkens, das sich in dem, was wir Leben nennen, manifestiert.

KRISHNA

Dieser fünfjährige Junge ist geschminkt und verkleidet als Krishna, eine der wichtigsten Gottheiten des Hinduismus. Krishna ist für die Kinder eine Art Held, der ihnen schon früh in den spannenden Geschichten der Bhagavad Gita begegnet.

MALA

Der mehr als 100 Jahre alte buddhistische Mönch sitzt jeden Tag vor einem kleinen Gebetstempel der Stupa von Boudhanath. Er hält die Mala in seiner Hand, eine Gebetskette, die aus 108 Perlen und einer »Guru«- oder »Sumeru«-Perle besteht. Einem Rosenkranz ähnlich, führt sie den Meditierenden immer neu durch das 108-malige Wiederholen eines Mantras. Die Zahl 108 ist heilig und hat sowohl im Buddhismus als auch im Hinduismus große mythische Bedeutung.

GUARD

Der stumme, kleinwüchsige Wächter hütet die große Gebetsglocke der Stupa von Boudhanath. Er wird aufgrund seiner außergewöhnlichen Erscheinung von den Gläubigen tief verehrt. Ich habe ihn mehrmals besucht, und wir führten einen inneren Dialog.

WHITE SADHU

Der Sadhu (Sanskrit: »heiliger Mann«) ist für die gläubigen Hindus eine Art Medium zwischen dem Weltlichen und dem Göttlichen. Die Gaben für den Sadhu sind Gaben für die Götter, der Sadhu übermittelt die Wünsche, Sorgen und Nöte der Menschen. Durch seinen Segen erhalten die Suchenden die göttliche Unterstützung.

DEEP INSIGHT

Im Pashupatinath-Tempel in Kathmandu begegnete ich diesem Sadhu. Er ist vollkommen besitzlos und meditiert seit 40 Jahren täglich mehrere Stunden, mittlerweile mit geöffneten Augen. Die Bemalung seines Gesichts ist das, was er als sein Selbst in seiner Meditation sieht.

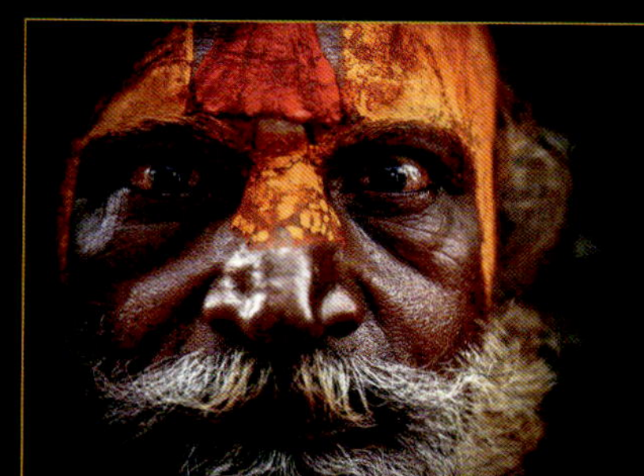

ORANGE SADHU

In den vielen Tagen, die ich mit den Sadhus verbracht hatte, kam es zu intensiven Erfahrungen wortloser Dialoge. Dieser Sadhu richtete seinen Blick eine Stunde lang auf mich, ohne mich dabei anzuschauen. Nach einer Weile spürte ich eine Art Vibration in meiner Brust. Ich hatte keine Angst, es war ein wohliges Gefühl, und ich entrückte Raum und Zeit. Er nannte es ein Gespräch zwischen unseren Seelen.

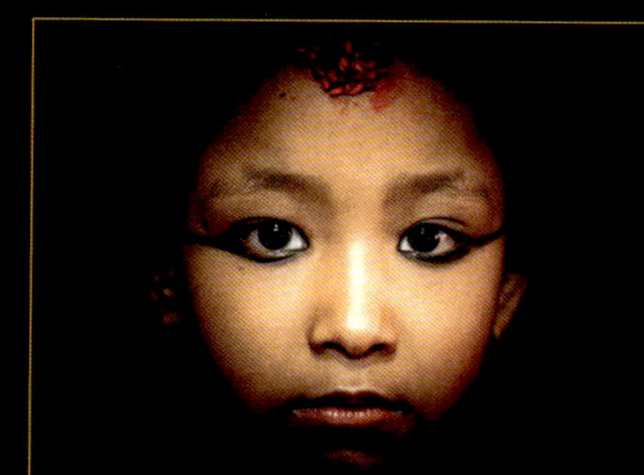

KUMARI

Die Kumari wird in Nepal als »lebende Göttin« verehrt. Sie gilt als Wiedergeburt der Göttin Taleju. Ein Komitee hochrangiger hinduistischer Geistlicher stellt dies nach eingehender Prüfung fest und erteilt dem jungen Mädchen den seltenen Rang. Sie bleibt bis zur ihrer ersten Regel göttlich. Es ist ein sehr seltenes Privileg, eine Kumari zu treffen oder gar fotografieren zu dürfen. Es ist mir in Patan gelungen, sie für dieses Buch zu gewinnen.

TRACES

Dieser Großvater aus Kathmandu erinnert sich nicht mehr an sein Alter. Aber er habe viel erlebt, was mir sein malerisch schönes Gesicht auch kundtut. Jede Falte in seinem Gesicht bezeichnet er als »Spuren seines Lebens«.

MEANING

Die alte Schamanin kommt mir auf einem Feldweg entgegen und spricht mich an. Es sei von großer Bedeutung, was ich tue, und meine Aufgabe bestehe darin, diese Bedeutung zu erkennen. Ich solle mich diesem Werk voll und ganz widmen, solle mir Mühe geben, und alles würde sich zeigen. Ihrem Rat bin ich gefolgt.

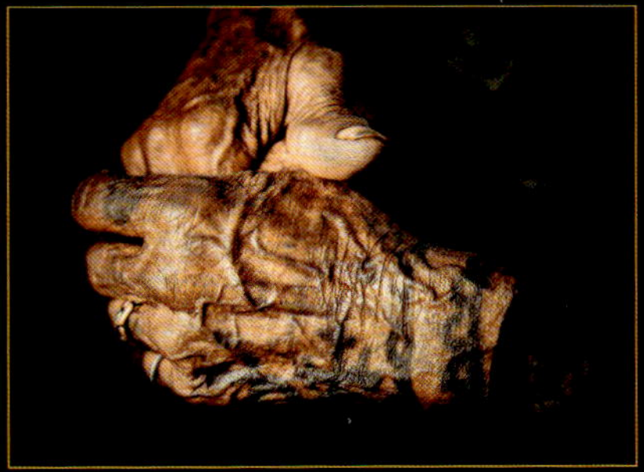

TATTOO

Das Tätowieren der Frauen hat in weiten Teilen Nepals eine sehr lange Tradition. Mit einer Mischung aus geriebener Kohle und Muttermilch werden die symbolischen Motive gestochen. So bringt beispielsweise der Pfau Glück und Wohlstand, der Fisch Kindersegen, und der Skorpion schützt vor Unheil.

KALINCHOK

In der Vollmondnacht im August feiern die Schamanen des Himalaya eines ihrer wichtigsten Rituale. Auf fast 4000 Metern Höhe gibt Kali, die Göttin, deren Seele in diesem Berg wohnt, ihre weibliche Shakti-Energie ins heilige Wasser der Gipfelquelle. Die Schamanen schöpfen ihre magischen Kräfte aus ihrer Quelle.

RED SCARF

Das Kind mit dem roten Schal lässt mich nicht mehr aus seinen Augen. Wieder fühlte ich eine Begegnung mit einer alten Seele, so eindringlich ist sein Blick. Das Mädchen ist die Enkelin eines Schamanen und ist dazu bestimmt, seine Kunst fortzuführen. Sie legt mir wie eine Erwachsene ihre Hand auf den Kopf und gibt mir ein Blessing, ihren Segen.

BLUE

Tage vor unserem Aufstieg hatte es in der ganzen Region in Strömen geregnet, und der Himmel war dicht mit Wolken behangen. Es war Monsunzeit im Himalaya. In der Vollmondnacht klarte es plötzlich über dem Gipfel des Kalinchok auf, und der blaue Himmel öffnete sich für ein paar Stunden. Die alte Schamanin erklärte mir, dies sei ein Gruß des Willkommens.

VILLAGE OLDEST

Beim Aufstieg wurde ich in einem kleinen Bergdorf feierlich von der 107-jährigen »Ältesten« empfangen. Feierlich legte sie mir den »Khatag«, den weißen Schal des Willkommens, um den Hals. Er soll mir Segen und Schutz auf den Weg geben. Sie lenkt die Geschicke der Gemeinschaft und wird von den Bewohnern in allen Lebenslagen um Rat gefragt. Die Weisheit und Lebenserfahrung der Alten wird in der nepalesischen Gesellschaft hoch verehrt und geschätzt.

HIMALAYA GIRL

Heftiger Regen und schlechte Sicht zwangen uns auf der Fahrt zum Kalinchok zum Halt bei einer Berghütte, wo das kleine Mädchen mitten im Himalaya fern jeglicher zivilisatorischer Errungenschaften mit ihrer Familie aufwächst. Sie beobachtete mich voller Neugier und ohne Scheu. Ihr reiner Blick berührte mich sehr.

SHAMAN

Trotz ihres hohen Alters hat diese Schamanin Kraft ihres Willens den beschwerlichen Aufstieg auf den Kalinchok bewältigt. Sie winkt mich zu sich und erteilt mir einen Segen. Dabei murmelt sie ein uraltes, geheimes Mantra, das mich vor bösen Geistern schützen soll.

NAMASTE

Das »Namaste« ist der traditionelle Gruß in Nepal. Es ehrt das Göttliche in dir und das Göttliche in mir, das Göttliche in uns allen, in dem wir alle eins sind.

WISHFUL

Als ich dieses Mädchen nach ihrem größten Wunsch fragte, erhielt ich eine für eine Achtjährige erstaunliche Antwort: Sie wünschte, dass ihre ganze Familie gesund bliebe und sie noch lange gemeinsam leben könnten.

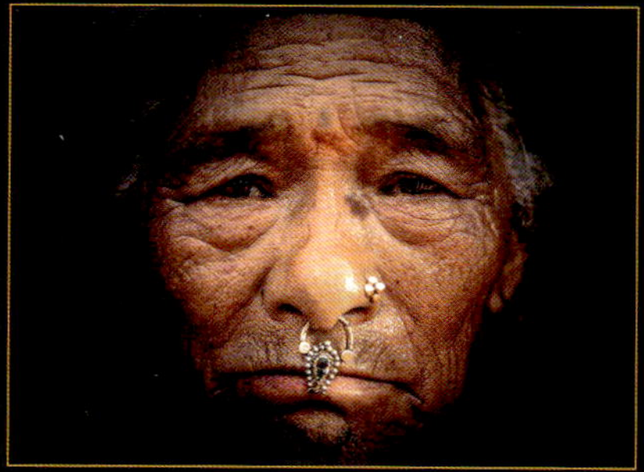

OM MANI PADME HUM

Diese alte Frau saß jeden Tag an der Stupa von Boudhanath. Sie rezitierte stundenlang das älteste und wichtigste Mantra des tibetischen Buddhismus »Om mani padme hum«. Mantras haben neben ihrer inhaltlichen Bedeutung eine spirituelle Funktion. Sie erzeugen bei ihrer Aussprache einen Klang und dadurch eine besondere Schwingung, die als heilig betrachtet wird. Es beginnt mit dem »Om«, dem Urlaut der Entstehung unseres Universums, »Mani« öffnet das männliche, »Padme« das weibliche Prinzip, das schließende »Hum« ist das Heilende, Verbindende, wie auch das Vergängliche und Erlösende.

Mein tiefer Dank gebührt

Wiwid, meiner javanischen Seelenverwandten, Weggefährtin, Begleiterin, Übersetzerin und Muse. Dank ihrer unermüdlichen Gelassenheit, ihrer ansteckenden Lebensfreude, ihrem unwiderstehlichen Charme, ihrer unerschütterlichen Liebe zu Mensch und Natur und ihrem tiefen inneren Frieden wagte ich oft mehr, als ich mir anfangs selbst zugetraut hätte.

Jane Goodall für ihre Weisheit, ihr tiefes Einfühlen in dieses Werk, den liebevollen Austausch und ihr berührendes Vorwort. Aama Bombo für ihre Einladung nach Nepal, ihre Liebe und ihr Vertrauen. Ida Pedanda Gede Made Gunung, dem höchsten Priester Balis, für sein Vertrauen, seine Weisheit und seine vielen inspirierenden Geschichten. Agung Rai für seine ehrliche Freundschaft und die vielen Türen, die er mir öffnete. RM Altianta für das Öffnen der Archive im Palast von Yogyakarta und die tiefen Einblicke in die alte javanische Weisheitskultur. Norem für sein Geleit in die Geisterwelt und das Kungkum-Ritual. Suvarnabhumi für ihre Einführung in das Geheimnis von Angkor Wat. (Bild rechts) Wayan für seine Unterweisung in der spirituellen balinesischen Heilkunst. Dr. Daniel Dahm für seine Freundschaft, seine tiefe Verbundenheit und vielfältige Unterstützung. Brigitte Fleissner-Mikorey für ihre spontane Zusage, dieses Buch zu verlegen. Wolfgang Heinzel für eine großartige Zusammenarbeit. Frank Kreyssig für sein tolles Engagement und seinen großen Sachverstand bei der Druckvorlagenherstellung. Marita Kohli für ihren guten Geist und ihre Geduld mit mir.

Meinen geliebten Eltern für ihren lebenslangen Rückhalt.

Alexander Rossner, Amron-Paul Yuwono, Chandra Kumal, Didi Nini Thowok, Dede Yasa Varmaraksha, Prof. Eku Wand, Erlina Daru Kuntari, Gabriele Rieth-Winterherbst, Himalayan Healing Research Project, Ida Bagus Oka, Jane Goodall Institut, Jack Jero, Joachim Fuchs, Katharina Drazkowski, Klaus Liedtke, Luh Manis, Michele Adamski, Monica Lieschke, Nyoman Kurniawan, PG Community, Pras Taka, Putri Shanti, Ralf Luethy, Sabina, Dr. Susanne Glass, Susanne Schinnerl, Turangga Seta Community, Thomas Weninger, Wandi, Wolff Horbach.

Danke für das große Lebensprivileg, all die abgebildeten und nicht abgebildeten Menschen auf meinen Reisen getroffen zu haben. Jeder Einzelne von euch wurde zu Bruder oder Schwester, mit jedem Einzelnen von euch spürte ich das tiefe Gefühl von Liebe und Verbundenheit, jeder Einzelne von euch öffnete mir seine Schatzkiste der Weisheit und von jedem Einzelnen von euch habe ich unendlich viel gelernt. Euer Vertrauen und eure Liebe haben dieses Buch entstehen lassen, mein Respekt ist tief und ehrlich.

NAMASTE!

 · Reproduktionen: Frank Kreyssig, Heartwork-Media, Germering · Druck und Binden: Longo AG, Bozen · Printed in Italy · ISBN 978-3-7243-1057-0
Terra magica ist seit 1948 eine international geschützte Handelsmarke der Belser Reich Verlags AG.
Besuchen Sie uns im Internet unter www.terramagica.de